지킴이 안전 교육 동화 교과 연계

＊보육·유치 과정
기본 생활 : 건강한 생활
사회관계 : 자기 존중
건강 생활 : 건강하게 생활하기
사회생활 : 나를 알고 사랑하기

＊초등학교 과정
1학년 2학기 바른 생활 : 나의 몸
1학년 2학기 슬기로운 생활 : 나의 몸/병원놀이
2학년 1학기 바른 생활 : 함께 지켜요
2학년 2학기 바른 생활 : 지키면 안전해요/
　　　　　　　　　　　생명의 소중함

글 꿈바라기

아이들이 아름답고 예쁜 마음을 가지고 자라길 바라며
글을 쓰고 있는 전문 작가 그룹이에요. 아이들이 안전에 대해 인식하고
스스로를 지키며 건강한 어른으로 성장하길 바라며 〈지킴이 안전 교육 동화〉를 썼어요.

그림 오정순

시각디자인을 전공해 프리랜스 일러스트레이터로 활동 중이며 책, 광고, 팬시 등의 많은 분야에서 디자인을 했어요.
아이들과 어른을 위한 그림을 그리고 싶어 땀 흘리고 있으며,
그린 책으로는 〈꿈 길〉 〈우리 집에 산타가 산다〉 〈엄마의 장바구니〉 외 다수가 있어요.

추천 및 감수 (사)한국생활안전연합

(사)한국생활안전연합은 '어린이가 안전하면 모두가 안전하다' 라는 생각으로
사회적 약자가 안전한 세상을 만들어 가는 데 앞장서는 대한민국의 대표 안전 비영리공익법인입니다.
한국생활안전연합은 어린이가 안전한 세상을 만들기 위해서 어린이들의 안전한 등하굣길 만들기
S · L · O · W 캠페인, 안전한 가정 만들기 Safe Home Start 캠페인, 보육 시설 안전 캠페인,
안전교육프로그램 개발 및 교재 출판, 어린이 · 학부모 · 교사 대상 방문 안전교육 실시, 안전과 관련된 정책 및
입법 활동, 학술 연구 및 실태 조사, 국내외 안전 단체와의 교류 등 안전 문화를 확산하는 데 앞장서고 있습니다.
(www.safia.org)

지킴이 안전 교육 동화 58 고개 들지 말아요

글 꿈바라기 | 그림 오정순
펴낸날 2011년 4월 20일 | **펴낸이** 박도선 | **펴낸곳** 풀잎나라
출판등록 1999년 6월 10일, 제10-1773호
주소 413-756 경기도 파주시 교하읍 서패리 243-1
대표 전화 1644-7123 | **팩스** 031-948-7124
전자메일 dosi1@chol.com
홈페이지 www.pullipnara.co.kr

ⓒ풀잎나라 2011, Pullipnara
이 책은 풀잎나라에서 저작권을 소유하고 있으므로
본사의 동의나 허락 없이 글이나 그림, 사진을 사용할 수 없습니다.

*풀잎나라는 태동출판사의 어린이책 전문 브랜드입니다.

*잘못된 책은 구입한 곳에서 바꿔드립니다.

고개 들지 말아요

글 꿈바라기 | 그림 오정순

준태네 반 친구들이 교실에서 만화 영화를 보고 있어요.
"까르르."

그런데 준태는 꾸벅꾸벅 졸기만 해요.
"준태야, 일어나."
짝꿍 보람이가 깨웠지만 준태는 계속 꾸벅꾸벅.

"준태야, 왜 그렇게 자?"
"어젯밤에 늦게까지 텔레비전을 봤거든."

어, 그런데 갑자기 준태의 코에서
피가 흘렀어요.
'주르르!'

선생님이 깜짝 놀라 다가왔어요.
"어머! 준태야, 코피가 나는구나.
고개를 숙이렴."

선생님은 준태의 셔츠 단추를 느슨하게 풀어 주었어요.
"목으로 피가 흘러 들어가면 안 되니까
머리를 절대 뒤로 젖히면 안 돼."

그리고 준태의 양쪽 콧등을 여러 번 눌러 준 뒤,
솜으로 콧구멍을 꽉 막았어요.

"와! 이제 코피가 안 나요!"
"그래. 코피가 날 때는
고개를 숙여야 해. 모두 알겠지?"
"네!"

코피가 나면!

고개를 숙이세요!

준태는 양호실에 누워서
좀 더 쉬기로 했어요.
너무 피곤했거든요.

"준태야, 늦게까지 텔레비전을 보면 몸도 피곤하고, 공부도 할 수 없을 거야.
일찍 자고 건강하게 생활하기로 약속할까?"

"네, 선생님. 일찍 자고 일찍 일어날게요.
또 코피를 흘리면 모두 걱정하니까요."
"좋아!"

똑똑 어린이가 되어요!

코피가 날 때 응급 처치

- 머리를 앞으로 숙여 피가 목 안으로 흘러 들어가지 않게 해요.
- 목 주위의 옷을 느슨하게 하고, 코를 풀지 않도록 해요.
- 양쪽 코뼈 바로 밑을 손가락으로 눌러 피를 멈추게 해요.
- 이마나 양쪽 눈 사이에 찬 수건이나 얼음주머니를 대요.
- 피가 멈추지 않을 경우 병원에 가요.

부모님께

아이들이 벽에 부딪치거나 손가락으로 코를 후비거나 또는 친구와 싸워서 코피가 날 때가 있습니다. 이럴 때는 고개를 위로 쳐들게 하여 피를 멈추게 하는 방법은 위험합니다. 코피가 목으로 넘어가면서 기도를 막아 사망에 이를 수 있기 때문입니다. 또 코를 풀어 상처를 키우는 행동도 위험합니다. 고개를 앞으로 숙이게 하고 양쪽 코뼈 바로 밑을 지압하여 지혈시키거나, 피가 멈추지 않을 경우에는 병원으로 데려가 치료하는 방법을 취해야 합니다.

안전한 행동을 알아요

준태의 코에서 갑자기 피가 흘렀어요. 코피를 흘린 이유를 선으로 이으세요.

• 텔레비전을 보느라 너무 늦게 잤어요.

• 코를 손가락으로 후볐어요.

퍼즐 조각 맞추기

다음 그림의 빈 곳에 알맞은 퍼즐 조각을 찾아 번호를 쓰세요.

①

②

③

〈참고 자료〉
교육인적자원부(2006), 유아를 위한 성교육 프로그램, 교육인적자원부
교육인적자원부(2007), 제7차 유치원 교육과정 해설, 교육인적자원부
교육인적자원부(2007), 유아를 위한 전자미디어교육 활동 자료, 교육인적자원부
보건복지가족부(2008), 연령별 보육프로그램 운영매뉴얼, 육아정책개발센터
윤선화·정윤경·이경선(2010), 영유아를 위한 안전교육과 안전교육 프로그램, 한국생활안전연합

안전 관련 기관

* **교통안전**
  도로교통공단 www.koroad.or.kr
  한국생활안전연합 슬로우 어린이교통안전 캠페인 www.slow.kr

* **놀이 안전**
  한국생활안전연합 놀이터안전센터 www.playsafety.or.kr

* **가정 안전**
  안전한 가정 만들기(Safe Home Start) 캠페인 www.safehome.or.kr

* **화재 및 화상 안전**
  소방방재청 www.nema.go.kr
  119 안전신고센터 www.119.go.kr   전화 : 국번없이 119
  한국전기안전공사 www.kesco.or.kr
  한국가스안전공사 www.kgs.or.kr

* **재난 안전**
  기상청 www.kma.go.kr
  국립방재연구소 www.nidp.go.kr

* **유괴 및 미아, 성폭력 예방**
  경찰청 실종아동찾기센터 www.182.go.kr   전화 : 국빈없이 182
  중앙아동보호전문기관 www.korea1391.org   전화 : 1577-1391 또는 국번없이 129
  서울해바라기아동센터 www.child1375.or.kr   전화 : 02-3274-1375
  여성긴급전화 www.seoul1366.or.kr   전화 : 각 지역번호+1366
  한국성폭력상담소 www.sisters.or.kr   전화 : 02-338-5801~2
  한국생활안전연합 www.safia.org   전화 : 02-3476-0119

* **식품 및 약물 안전**
  식품의약품안전청 www.kfda.go.kr
  질병관리본부 www.cdc.go.kr

* **승강기 안전**
  한국승강기안전관리원 www.kesi.or.kr
  한국승강기안전기술원 www.kest.or.kr

* **기타**
  응급의료정보센터 www.1339.or.kr   전화 : 국번없이 1339